Benedikta Buddeberg

Bethlehem eben

BETHLEHEM EBEN

Texte vom 1. Dezember bis 6. Januar

von Benedikta Buddeberg

Bibliografische Information der Deutschen Nationalbibliothek:
Die Deutsche Nationalbibliothek verzeichnet diese Publikation in der
Deutschen Nationalbibliografie;
detaillierte bibliografische Daten sind im Internet über
hppt://dnb.d-nb.de abrufbar.

Impressum

© 2008 Benedikta Buddeberg

Umschlagfoto und -gestaltung:
Ulrich Buddeberg, Hagen

Herstellung und Verlag:
Books on Demand GmbH, Norderstedt

ISBN 978-3-8370-7138-2

Bethlehem eben

Es wird berichtet, dass die Weisen aus dem Morgenland beinahe ihr Ziel verfehlt hätten. Dabei waren sie wissenschaftlich ausgebildet und hatten mit dem Stern sozusagen ein göttliches Navigationssystem. Dennoch suchten sie den neugeborenen König, auf den der Stern und ihre Weisheit sie hinwies, in Jerusalem. Die Erfahrung lehrte sie, dass Könige traditionell im Palast der Hauptstadt geboren werden.

Eine genauere Untersuchung der alten Schriften aber ergab, dass in einem kleinen, relativ unbedeutenden Ort zu suchen und zu finden sei.
In Bethlehem eben.

Wenn wir vom Kindlein im Stall hören, haben wir Bilder von alpenländischen Krippendarstellungen vor Augen und bei der Herberge denken wir vielleicht an ein Haus mit verschiedenen Fremdenzimmern, eine Pension sozusagen. Die Herberge in Bethlehem ähnelte aber vermutlich mehr einer Karawanserei wie die in Sultanham in Kappadocien, die das Foto auf dem Buchumschlag zeigt.
Unsere Traditionen und unser Wissen sind bei der Suche nach dem Sinn der Feiertage, die wir Weihnachten nennen, nicht unwichtig. Aber um den eigentlichen Kern zu finden, muss man auch heute noch genauer nachforschen, überkommene Vorstellungen an Realitäten messen und vielleicht zu ganz neuen Schlüssen kommen. Dazu möchten dieses kleine Buch einladen.

37 Texte, die wie ein Adventkalender nummeriert sind, begleiten auf dieser Suche nach dem neugeborenen König. Sie führen bis zum 6. Januar, an dem als Fest gefeiert wird, dass die Weisen aus dem Morgenland ihr Ziel erreichten.
Bethlehem eben.

I

24 Türchen

24 Türchen
adventkalenderlang
Zeit verrinnt wie Schnee
und irgendwer kommt an

24 Türchen
viel zu lang die Zeit
zu den Weihnachtsferien
ob es wohl bald schneit?
können´s kaum erwarten
die Kinder jeden Tag
was der Weihnachtsabend
schönes bringen mag?

24 Türchen
adventkalenderlang
Zeit verrinnt wie Schnee
und irgendwer kommt an

24 Türchen
viel zu kurz die Zeit
backen dekorieren
alles wird bereit
Post und Päckchen schicken
nur nichts übersehn
Stress und Einkaufshektik
manchmal nicht mehr schön

24 Türchen
adventkalenderlang
Zeit verrinnt wie Schnee
und irgendwer kommt an

24 Türchen
ziemlich lange Zeit
viel wird hier wohl passieren
das Ende doch noch weit
einfach nicht dran denken
Stunden plätschern hin
Zeit stirbt an Langeweile
fehlt auch Ziel und Sinn

24 Türchen
adventkalenderlang
Zeit verrinnt wie Schnee
und irgendwer kommt an

24 Türchen
nur noch kurze Zeit
Er wird wiederkommen
sind wir schon bereit?
alles andre lassen
und in Freud und Leid
ihm entgegengehen
nicht nur zur Weihnachtszeit

Kleinanzeige

Dachbodenfund
Geheimnis umwittert
überraschend
fast völlig vergessen
unerwartet
vielleicht
ein Schatz

Weihnachten
alte Tradition
kostbar
neu zu entdecken
unbezahlbar
vermutlich
ein Schatz

Stall/Krippe
Menschwerdung
unüberbietbar
Friede den Menschen
und Gott Ehre
wahrscheinlich
der größte Schatz

leer
ohne Inhalt
ohne Jesus
kein Schatz
nur Plunder

Engel basteln

Jetzt ist wieder Zeit
an Engel zu denken
nur so für sich selbst
oder auch zum Verschenken

Mit Kleister und Glitter
mit Stoff und Papier
und Wolle und Federn
das bastel ich mir

Zum Schmücken geeignet
nicht nur für den Baum
passt auch in die Tasche
ein Deko-Traum

Er soll wohl bewahren
wenn Unheil mir droht
und Schutzengel sein
in Sorgen und Not

Ganz nach meinen Wünschen
und von mir erdacht
als kleinen Beschützer
und selber gemacht

Unsichtbar der Bote
der hinter mir spricht
„Der Retter heißt Jesus
drum fürchte dich nicht"

Offene Fragen

Advent sagt man heißt Ankunft

Warten auf irgendwen oder irgendwas

aber wer will heute schon warten

warten ist unmodern

warten ist lästig

warten ist ärgerlich

ungeplante Wartezeiten sind möglichst zu füllen

was könnte man tun in den Wartezeiten

Shoppen vielleicht

Geschenkejagd

Weihnachtsmarktgetümmel

glühweinselig

bratwurstgesättigt

zuckerwattenverklebt

von Markt zu Markt

von Feier zu Feier

Kaufstress

Dekostress

Fressstress

zugeflutet mit Aktivitäten

organisierter Besinnungslosigkeit

zwanghaftes Handeln statt warten

Warten?

Auf wen oder was?

Soll hier irgend jemand ankommen?

Kann hier irgend jemand ankommen?

Ist bei uns überhaupt schon irgend etwas

angekommen von dem was das bedeutet:

Advent?

Warten auf wen

bleibt die offene Frage

Trost

Sind wir noch ganz bei Trost?
Wir feiern die Weihnacht besinnungslos
von September bis Jahresschluss
Wirklichkeitsblind jagen wir bloß
nach dem Kick dem Trend und dem Muss

Untröstlich jedoch die Menschen sind
die der Krieg und der Terror traf
sie verloren Partner Freund oder Kind
dabei war'n sie doch immer ganz brav

Untröstlich wer helfen und heilen will
und um Tage und Stunden ringt
im Spital und auf Straßen kämpft er still
während Glöckchengebimmel erklingt

Trostlos der hungernden Kinder
Gesichter
in fast allen Regionen der Welt
gefilmt präsentiert vom Fernsehberichter
so verdient man mit Spendern sein Geld

Trostlos Beziehungen in diesen Tagen
monogam sagt man sei monoton
die Einsamkeit ist kaum zu ertragen
die heilige Familie eine Illusion

Getrost lassen wir alle Hoffnungen fahren
und sagen hier ändert sich nichts
versuchen unseren Besitzstand zu wahren
der im Kerzenschein funkelt und blitzt

Getrost lehnen wir uns im Sessel zurück
und schalten aufs andre Programm
konservieren das letzte Häuflein Glück
die Wirklichkeit geht uns nichts an

Sind wir noch ganz bei Trost?
In unsrer Glitzer- und Zauberwelt
herrscht schreiende Dunkelheit
der Tod überkleidet mit Schein und Geld
steht grinsend zur Ernte bereit

Wir sind nicht mehr bei Trost
hört man einige schrein
die Verrückten und Abgedrehten
sie ziehn sich die alten Choräle rein
und wolln dann am Ende noch beten:

Wo bleibst du Trost der ganzen Welt
darauf sie alle Hoffnung stellt
Oh komm ach komm vom höchsten Saal
komm tröst uns hier im Jammertal

Sind die noch bei Trost?
Sind wir noch bei Trost?
Wären wir bei Trost
und würde er bei uns wohnen
wir würden getröstet sein

6

Am
Nikolaustag
mal dem anderen
etwas
in die Schuhe
stecken
statt schieben

Deutsche Weihnacht

Kerzen
Trost und Hoffnung
Wärme und Licht
Trost bringt Wärme obwohl
alles ist wie es ist
Hoffnung bringt Licht
weil nichts bleibt wie es ist

Kerzen
schwacher Trost leise Hoffnung
kleine Wärme wenig Licht
doch Trost bringt Wärme
hindert das totale Erkalten
Hoffnung bringt Licht
durchbricht totale Dunkelheit

Kerzen im Fenster
kleiner Trost etwas Hoffnung
Wärme gegen Eiszeit
Lichter gegen kalten Krieg
Wir sind euch verbunden
Ihr seid nicht vergessen
Stille Demonstration

Kerzen auf Straßen
umarmender Trost
aufschäumende Hoffnung
Wärme bricht das Eis
Licht lässt Mauern fallen
Wir sind das Volk
getröstet und hoffnungsvoll

...und heute?
Wessi und Ossi
trostlose Kälte
Mauer in Köpfen
verhindert jedes Licht
Gebt nicht auf es ist Weihnacht
und in einigen Fenstern
stehen wieder Kerzen

Kerzen
Trost und Hoffnung
Wärme und Licht
Trost bringt Wärme obwohl
alles ist wie es ist
Hoffnung bringt Licht
weil nichts bleibt wie es ist

Weihnachtswunsch

Regelmäßig zur Weihnachtszeit
befällt die Menschen allerorts
eine eigenartige Sehnsucht
Sehnsucht nach Frieden

Frieden für die Welt
Frieden der Stadt und dem Land
Frieden wenigstens in der Familie
Sehnsucht merkwürdig ungestillt

Regelmäßig zur Weihnachtszeit
befällt die Menschen allerorts
ein eigenartiger Wunsch
Ein Wunsch nach Freude

Freude und Fröhlichkeit
unbeschwertes ausgelassenes Feiern
Freude wenigstens in der Familie
Solcher Wunsch meist unerfüllt

Regelmäßig zur Weihnachtszeit
befällt die Menschen allerorts
ein eigenartiger Hunger
Hunger nach Gerechtigkeit

Gerechtigkeit für alle
Brot und Kuchen für die Welt
Gerechtigkeit wenigstens in der Familie
trotz Sattheit Hunger reißend wild

Gerechtigkeit Freude und Frieden
Kennzeichen des Königreiches
das unter uns anbrach
mit der Geburt des Jesus von Nazareth

Regelmäßig zur Weihnachtszeit
befällt die Menschen allerorts
ein seltsames Gefühl
dass da vielleicht doch mehr sei

Gerechtigkeit Frieden und Freude
also jene Kennzeichen des Königs
findet nicht nur zur Weihnachtszeit
wer sich auf ihn einlässt und ihn einlässt

Sonst bleibt nur jene eigenartige
Sehnsucht der fromme Wunsch
und der nagende Hunger
unbefriedigt unerfüllt ungestillt

In diesem Sinne fröhliche Weihnachten
und Friede auf Erden
den Menschen guten Willens

Im Namen des Mensch gewordenen Gottes

9 Josefs Verteidigung

Ach Josef
du musst wohl ein Traumtänzer sein
glaubst deiner Maria
fällst auf alles herein

Ja Freunde
auf Träume verlasse ich mich
liegt sicher an meinem Namen
der hat mich geprägt vermute ich
so dass mir kaum Zweifel kamen
Es erklärte der Engel mir in meinem Traum
zu denken in anderen Bahnen
ich könne ihr voll und ganz vertraun
das konnte Maria nicht ahnen

Ach Josef
du musst wohl ein Traumtänzer sein
glaubst deiner Maria
fällst auf alles herein

Ja Freunde
im Traum sah ich Gottes Plan
und ich darf davon ein Teil sein
sehn mich die Leute auch skeptisch an
Ich lass mich auf diesen Weg ein

Wie Kinder entstehen weiß ich genau
leb nicht erst seit gestern auf Erden
und trotzdem mach ich sie zu meiner Frau
Gottes Kind wird wie meines werden

Ach Josef
du musst wohl ein Traumtänzer sein
glaubst deiner Maria
fällst auf alles herein

Ja Freunde
der Weg ist nicht einfach zu gehn
nach Bethlehem erst - später dann ins Exil
und manchmal kaum bis zum Abend sehn
wahrscheinlich wär mir das alles zu viel
Und glaubt mir ich selber schaffte es kaum
auch nicht mit Maria zur Seite
wär da nicht der Engel wär da nicht der Traum
das trägt mich hinaus in die Weite

Ja Freunde
ich muss wohl ein Traumtänzer sein
glaub an meinen Gott
und lass mich drauf ein

Schöner Wohnen

Gestalten Sie in diesem Jahr doch mal
ihren Weihnachtsbaum
traditionell

Eine Edeltanne dicht benadelt
Schleifen in Rot und Gold
Rote Kerzen echte versteht sich
Goldgesprühte Nüsse rotbackige Äpfel
Einen Strohstern an der Spitze

Gestalten Sie in diesem Jahr doch mal
ihren Weihnachtsbaum
klassisch

Eine perfekt gewachsene Blautanne
Glaskugeln in Gold und Silber
mundgeblasen mit Glitter belegt
Überirdischer Glanz dank Lametta
und Lichterkette
Darüber thront ein prunkvoller
Rauschgoldengel

Gestalten Sie in diesem Jahr doch mal
ihren Weihnachtsbaum
trendy

Eine Fichte mit Kunstschnee gesprüht
Kerzen bonbonfarben aufblasbar
Saurier- und Bärenengel
Weihnachtsmänner und -frauen allerliebst
Elektronische Glocken läuten
ohne Unterlass

Gestalten Sie in diesem Jahr doch mal
ihren Weihnachtsbaum
realistisch

Der Baum zu jung zu früh gefällt
Kerzen aus Liebe sich selbst verzehrend
Krippe grobes Holz wie das Kreuz
Dornenkronen zeitgemäß aus Stacheldraht
Dem König der Könige der das für Sie trug

Die Stätte da Er wohnt wird herrlich sein
(Jesaja 11,10)

Adventlied

Wir harren Christ in dunkler Zeit...
ein altes Lied zum Advent
Die Worte und Noten find ich nicht mehr
Ein Lied das keiner mehr kennt

Vom Harren zu singen klingt heute wie Hohn
Es weihnachtet im Herbst schon sehr
Mit Gebäck und Kerzen und Dekoration
kommt Handel und Wandel daher
Was du heut kannst besorgen
das vernasch nicht erst morgen
Die die hoffen und harren
gelten heute als Narren
Alles jetzt und sofort
heißt das Zauberwort

Wir harren Christ in dunkler Zeit...
ein altes Lied zum Advent
Die Worte und Noten find ich nicht mehr
Ein Lied das keiner mehr kennt

Auch dunkel sind heute die Zeiten nicht sehr
Die Städte erstrahlen im Glanz
von Tausenden Birnchen ein Lichtermeer
fördert Profit und Bilanz

Grell blitzende Laser Richtung weisen
denen die von einem zum andren Markt reisen
Erleuchtet in blinkendem Neonschein
gilt heute nur noch Haben nicht Sein
Für Wahrheit geblendet
als Konsumvieh verendet

Wir harren Christ in dunkler Zeit...
ein altes Lied zum Advent
Die Worte und Noten find ich nicht mehr
Ein Lied das keiner mehr kennt

Es gibt einen Weg der zur Wirklichkeit führt:
Jesus als Mensch geboren
Wer Ihm begegnet wen Er berührt
ist für die Scheinwelt verloren
Vom Terror der leblosen Werte befreit
zu ewig erfüllter Lebendigkeit
sind die hoffen und harren
für Christus als Narren
mit offenen Augen die Dunkelheit sehn
die dem wahren Licht folgend nach Bethlehem gehn

Verkündigung

Siehe man verkündigt uns
großen Stress
der allem Volk
widerfahren soll
Der Stress das größte
und beste und repräsentativste
Geschenk zu besorgen

Siehe man verkündigt uns
großen Ärger
der allem Volk
widerfahren soll
Den Ärger nicht rechtzeitig
mit allem fertig zu werden
für das perfekt gestylte Fest

Siehe man verkündigt uns
große Teuerung
der allem Volk
widerfahren soll
Eine Teuerung die bestätigt
dass wir uns eigentlich
nicht leisten können
was wir uns leisten

Siehe man verkündigt uns
große Angst
die allem Volk
widerfahren soll
Die Angst diejenigen
auf deren Kosten wir konsumieren
irgendwann zurück fordern

Siehe man verkündigt uns
große Depression
der allem Volk
widerfahren soll
Eine Depression
die abgründig aufzeigt
dass Glück nicht käuflich ist

Siehe ich verkündige euch
große Freude
die allem Volk
widerfahren soll
denn euch ist heute
der Heiland geboren
der Retter.

Verlasst eure Rituale
Lauft eilends ihn zu finden
und in ihm zu finden
was ihr sucht
Freude und Frieden auf Erden
den Menschen seines Wohlgefallens

 *13*   *Variabel*

In der Sprache
der Jetztzeit
sagt man
statt Weihnacht
oder gar Christnacht
einfach trendy
Xmas

Die Variable X
nach Belieben
definiert
steht dann X
multifunktionell
für alles oder
für nichts

X = Einkaufen Geschenke Konsum
oder Festtagsbraten Saufen und Prasserei
steht für Urlaub wenigstens 3 Tage frei

X = Lichterketten Geflimmer Gebimmel
oder Weihnachtsmarkt mit Schaustellergeschrei
steht für Fressmeile Glühwein und Wurstbraterei

X = Weihnachtsmänner und Nikoläuse
oder Väterchen Frost und manch Engelein
steht für Weihnachtsmärchen im Kerzenschein

Diese Rechnung
bleibt unerwartet
sinnentleert
ist X variabel
bleibt alles
bedeutungslos
ein Nichts

X steht für Christus
einzig und ewig
konstant
-mas ist variabel
solange X
nämlich Christus
Mittelpunkt bleibt

Hintergrund

Verdrängt überlagert verbaut
in den Hintergrund verbannt
durch Karussellmusik und Bachkonzert
Herzbuben und Klingelingeling
die Ohren betäuben
wie Kanonenschlag und Detonation
Im Hintergrund
der Lobgesang der Engel

Verdrängt überlagert verbaut
in den Hintergrund verbannt
durch Glühwein und Würstchen
Bratäpfeln und Galamenüs
die sich auftürmen
wie die Grenzmauer des Schlaraffenlands
Im Hintergrund
das Brot des Lebens

Verdrängt überlagert verbaut
in den Hintergrund verbannt
durch Lichterketten und Kerzenmeer
Hallogenrausch und LED-Geflacker
die die Sicht verblenden
wie der Blitz einer Atomexplosion
Im Hintergrund
das Licht der Welt

Verdrängt überlagert verbaut
in den Hintergrund verbannt
durch Weihnachtsfeiern und
Weihnachtskonzerte
Weihnachtstheater und Weihnachtsmärkte
die den Sinn verkaufen
wie der billige Jakob beim Marktschreierfest
Im Hintergrund
der Mensch gewordene Gott

Verdrängt überlagert verbaut
in den Hintergrund verbannt
durch Friedensgespräche und Festtagsreden
Spendenmarathon und Sozialromantik
die das Gewissen beruhigen
wie das bekannte Opium fürs Volk
Im Hintergrund
das Kind in der Krippe

Hinter den Festtagsgebräuchen
im ach so christlichen Abendland
findet sich wirklich
Jesus
das Brot des Lebens
das Licht der Welt
das Kind in der Krippe
der Mensch gewordene Gott
dem die Engel Tag und Nacht singen
Wer ihn sucht wird ihn finden
im Hintergrund - den Grund

Marienverehrung

...und dann war da noch
Maria...

diese Schwangerschaft
würde Schande bringen
über sie und ihre Familie
eine Frage der Ehre

...und dann war da noch
Maria...

diese Schwangerschaft
würde ihr Glück zerstören
die Liebe des Verlobten Josef
das Vertrauen zerbrechen

...und dann war da noch
Maria...

diese Schwangerschaft
würde sie das Leben kosten
nicht nur das erträumte
wie es Recht und billig war

...und dann war da noch
Maria
der Gott wichtiger war als
Ehre Glück und Leben
Jesu Mutter Maria

Muss nicht

Es stieg auf ein roter Stern
jener Traum vom Kommunismus
es blendete das Gold der Herrn
bekannt als Kapitalismus

Muss sein
meinen sie
Kommunis muss sein
Kapitalis muss sein
muss sein
behaupten sie
Gott sagte nein

Denn weil Gott in Windeln lag
sind wir Menschen letztlich gleich
dass er seinen Sohn uns gab
macht uns unvergleichlich reich

Darum feiern wir bis heute
unter einem andren Stern
dieses Kind armer Leute
den gekreuzigten Herrn

Und nach zweitausend Jahren
zeigt sich eines ganz klar
Seit der Menschwerdung Gottes
muss nichts sein wie es war

Kern der Sache

Um den Blick
für's Wesentliche
nicht zu verlieren
oder vielleicht
überhaupt zu gewinnen
gegebenenfalls auch
zum ersten Mal
ist es notwendig
den Kern der Sache
zu entdecken
und genauer zu betrachten.

Um den Blick
für's Wesentliche
zu erhalten
ist es notwendig
beiseite zu tun
was glitzert und blendet
Dekoration
und Illumination
Kugeln und Kerzen
Engelchen und Lametta
und Flitterkram

Um den Blick
für's Wesentliche
zu erhalten
ist es notwendig
beiseite zu tun
was berührt und bewegt
Tradition
und Religion
die Zweiglein der Gottseligkeit
und die Auswüchse
der Vorstellungswelt

Um den Blick
für's Wesentliche
zu erhalten
ist es notwendig
vorzudringen
zum Kern der Sache
zum groben Holz
zum nackten Stamm
aus dem vielleicht die Krippe
jedoch sicher das Kreuz
geschlagen war

Um den Blick
für's Wesentliche
zu erhalten
ist es notwendig
nicht bei Äußerlichkeiten
noch bei Innerlichkeiten
zu verharren
sondern zuzulassen
und sich einzulassen
auf den Kern der Sache
ohne den alles andere sinnleer bleibt

Erwartung

Erwartung
woran
an Weihnachten
oder so

Erwartung
der Geschenke
wie ein Kind
auf Barbies und so

Erwartung
freier Tage
zwischen den Jahren
etwas Ruhe und so

Erwartung
des Friedens
privat und global
Waffen schweigen und so

Erwartung
zur Weihnacht
an das Schicksal
oder Gott und so

Er wartet
dass ich Frieden such
mit Zeitgenossen
und mit ihm und so

Er wartet
dass ich Ruhe finde
in mir selbst
und in seiner Nähe und so

Er wartet
dass ich sein will
was ich sein kann
sein Kind und so

Erwartung
an Gott der wartet
sich selbst zu schenken
nicht nur Weihnachten und so

Relativ und absolut

Der Mars
ein relativ kleiner Planet
in einem relativ kleinen Sonnensystem
kommt uns nahe
relativ nahe
für astronomische Verhältnisse

so nah
wie seit sechzigtausend Jahren
relativ selten
für menschliche Verhältnisse

Der Mars
der männliche rote Planet
benannt nach einem selbsterdachten Gott
eines relativ kleinen Volkes
einer relativ kurzen Epoche
als Antike bekannt

Die Menschen
sind absolut begeistert
drängen sich um Teleskope
um die Polkappen zu sehen
beten quasi um klare Sicht
und sind dankbar für die Stunde ihrer Geburt

Jahwe
der absolut höchste Gott
Herr und Schöpfer der Sonnensysteme
kommt uns nahe
absolut nahe
nicht nur für irdische Verhältnisse

einmal
für dreiunddreißig Erdenjahre
absolut Mensch
für göttliche Verhältnisse

Jahwe
der menschgewordene Gott
geboren von der Jungfrau Maria
in ein absolut kleines Volk
unter absolut unwürdigen Umständen
als Jesus Christus bekannt

Die Menschen
sind relativ uninteressiert
drängen sich in Einkaufsstraßen
um dem Fest einen Sinn zu geben
suchen quasi nicht nach Gott
und relativieren das Ereignis dieser Geburt

Schon immer fiel es Menschen schwer
jenen absolut relativen Individuen
Relatives von Absolutem
Wesentliches von Vorläufigem
zu unterscheiden

Harmonielehre

Alle Töne der Welt
jede Harmonie
U- und E-Musik
Punk und Madrigal
tibetische Zimbeln
und Digeridoo
Obertongesang
und Ghettorap
Mozart und Cage
oder Andachtsjodler

Alle Töne der Welt
alle Harmonien
in allen Sprachen der Welt
und der Himmel
überirdisch vollkommen
miteinander vereint
im Gesang der Heerscharen
dem ewigen Gloria
Lobpreis der Engel
als Gott Mensch geworden war

Nicht bunter Traum

Kleine Goldpapierstreifen
vorsichtig gelöst
von Bonbonhüllen
sorgsam geglättet
mit erbsengroßem Daumennagel
wertloser Kinderschatz

Silbrig glänzende Fäden
an grünem Zweig
kerzenbeschienen
überirdisch fast
spiegeln im Leuchten
von Kinderaugen
erwartungsvoll
Weihnachtsträume

Farbengeflimmer
irisierend schimmernder
Kunststoffteilchen
annähernd vergleichbar
sonnen beschienenem Schneeglanz
nachgemachter Regenbogenschein

Goldpapier und Lametta
Spraydosenschnee
und Kugeln aus buntem Glas
lichtbrechende Kristalle

Glittergeflitter
kitschsilbergolden
bunter Traum
Kinderweihnacht

Realitätsnüchterne
Sterne aus Stroh
Hänger aus Holz
erwachsen gedacht
war doch
die Krippe aus Holz
lag doch
das Kind im Stroh

Bleibt eine Frage:
kam jenes Kind nicht
aus der Herrlichkeit
ewigen Lichts
Straßen aus Gold
perlschimmernde Tore
regenbogenglänzend
sein Thron

Ist weihnachtlicher Glanz
den Kinder so lieben
mehr als ein bunter Traum
eine Erinnerung vielleicht
eine Sehnsucht
nach der Heimat
aus der das Kind kam
auf die wir zu leben?

Vielleicht

Bethlehem eben

Nicht Jerusalem
nicht in der herrliche Stadt
nicht in der Stadt der scheinbar Heiligen
nicht in der Stadt der Reichen
nicht in der Stadt in der es jeder erwartet hätte
nicht in Jerusalem kamst du an

Nicht Nazareth
nicht in jenem bedeutungslosen Dorf
nicht im Dorf der scheinbar Wertlosen
nicht im Dorf der Habenichtse
nicht in dem Dorf aus dem nichts Gutes kommen soll
nicht in Nazareth kamst du an

Bethlehem eben
den Erwartungen nicht entsprechend
unscheinbar doch Stadt der Könige
angekündigt durch Prophetenwort
Ort jenseits unserer Vorstellungen
von richtig und falsch arm und reich
unberechenbarer Wendepunkt der
Weltgeschichte
in Bethlehem kamst du an

Bethlehem eben
dazu war die Volkszählung
im gesamten römischen Reich
kein zu großer Aufwand
für deine Ankunft
punktgenau in Raum und Zeit

Weihnachtsgruß

Du bist mir begegnet im vergehenden Jahr
das hat mir sehr viel gegeben
du teiltest Gedanken und Worte und Zeit
ein kostbares Stück deines Lebens
Dir dafür zu danken steht mir im Sinn
und nicht nur in meinem Denken
dass du's lesen hören und wissen kannst
will ich's aufschreiben und dir schenken

Und dann will ich mich bedanken für dich
bei Gott der uns schuf und auch unsere Zeit
Er hat uns Dasein und Hiersein geschenkt
das Anderssein und unsre Gemeinsamkeit
damit unser Leben bereichert wird
immer wenn wir uns wirklich begegnen
Will Gott danken der das uns ermöglicht hat
und in seinem Namen dich segnen

Ich wünsch dieser Segen möge dich
durch das kommende Jahr begleiten
und dann wünsch ich uns die Gelegenheit
für neue gemeinsame Zeiten
damit sich erweitert vertieft und wächst
was sind und haben und teilen
bis dahin können wir ja so wie jetzt
in Gedanken zusammen verweilen

In diesem Sinne ein gesegnetes neues Jahr
und eine frohe Weihnachtszeit

24

Diese eine Nacht

Diese eine Nacht
als der Himmel die Erde berührte
als sich die Dimensionen überschnitten
als Ewigkeit in die Zeit einbrach
als der Vorhang sich öffnete
als himmlischer Lobpreis explodierte
als Irdische die Heerscharen erblickten
als die Rettung greifbar nahe rückte
als der Friedefürst seine Herrschaft antrat
als in Bethlehem Maria Jesus gebar
als Gott Mensch wurde

Diese eine Nacht
birgt allen Grund
zu feiern

Wer fragt denn schon

(Hirtenlied)

Wer fragt denn schon
nach kleinen Leuten
wer fragt denn schon
nach uns
wer fragt denn schon
nach Hirten
wer fragt denn schon
nach uns

Wir sind hier weit von allem ab
Die wichtigen Dinge passiern in der Stadt
Bis wir es erfahren ist's längst vorbei
und kaum eine Nachricht ist wirklich neu

Wer fragt denn schon
nach kleinen Leuten
wer fragt denn schon
nach uns
wer fragt denn schon
nach Hirten
wer fragt denn schon
nach uns

Wir stinken nach Vieh sind auch kultisch nicht rein
Bei unserem Job kann man das gar nicht sein
Der Dienst wird gebraucht uns möchte man meiden
drum bleiben wir draußen auf den Weiden

Wer fragt denn schon
nach kleinen Leuten
wer fragt denn schon
nach uns
wer fragt denn schon
nach Hirten
wer fragt denn schon
nach uns

plötzlich
in tiefer Nacht geblendet vom Licht
und der tröstende Ruf: Fürchtet Euch nicht
Euch ist er geboren der Retter der Welt
Ihr werdet ihn finden weil's Gott so gefällt

Ungläubig begeistert weil Gott nach uns fragt
und finden das Kind wie der Engel gesagt
sind eigenartig sicher dass die Nachricht stimmt
wenn auch die Windeln kein besondres Zeichen sind

Wollten's allen erzählen was wir hören und sehn
doch kaum einer will's wissen darum müssen wir gehn
Ausgerechnet zu uns ward der Engel gesandt
zu verachteten Leuten arm und unbekannt

Denn wer fragt schon
nach kleinen Leuten
wer fragt denn schon
nach uns
wer fragt denn schon
nach Hirten
wer fragt denn schon
nach uns

Himmlische Wünsche

Ich wünsche dir
dass du all das
entdeckst und erfährst
was ich für dich vorbereitet habe

Ich wünsche dir
dass du echte Freunde findest
erkennst und entscheidest
was richtig gut für dich ist

Ich wünsche dir
dass du weiter gehst
Grenzen überschreitest
und täglich Neues erkennst

Das wünsche ich dir
und schenke dir Jesus
der Weg und Wahrheit
und das Leben selber ist

Frohe Weihnachten

... wir sehen uns ...

Nachgedacht

Nach Weihnachten
ist alles anders
nichts ist geblieben
wie es war

Die Erwartungen
erfüllt
oder auch nicht
jedenfalls
erwartet man
jetzt nichts mehr

Nach Weihnachten
wurde alles anders
nichts ist geblieben
wie es war

Die Erwartung
wurde erfüllt
Gott wurde Mensch
mehr war nicht
zu erwarten

28 Simeons Lied

Meine Augen

ach ja meine Augen

sind lange nicht mehr

die besten

doch mein Kopf ist noch klar

hab gewartet Jahr um Jahr

und nicht das Versprechen

vergessen

dass ich mit meinen Augen

sehe ja sehe

das Heil und das Licht dieser Welt

und hat man mich heimlich ausgelacht

hab ich mich einfach taub gestellt

Meine Augen

ach ja meine Augen

sind lange nicht mehr

die besten

doch mein Kopf ist noch klar

hab gehofft Jahr um Jahr

und nicht die Verheißung

vergessen

Ich habe gehört dass ich

sehe ja sehe

den Heiland und Retter der Welt

mit meiner Hoffnung blieb ich nicht allein

Hanna hat sich zu mir gesellt

unsre Augen

ach ja unsre Augen

sind lange nicht mehr

die besten

unser Kopf ist noch klar
und zu zweit Jahr um Jahr
wollten wir nicht den Glauben
vergessen

Und dann kam dieses Paar und wir
sehen ja sehen
das Kind als den Heiland der Welt
so kann ich jetzt getrost in die Ewigkeit gehen
Sein Licht hat mein Auge erhellt

Meine Augen
ach ja meine Augen
sind lange nicht mehr
die besten

doch mein Kopf ist noch klar
hab gewusst Jahr um Jahr
Gott hat seinen Prophet nicht
Vergessen

Zwischenzeiten

Letzte Tage
Weihnachtsfeier vorbei
das neue Jahr noch nicht da
und wir
irgendwo dazwischen

Stille Zeiten
die Nacht bereits vorbei
der neue Tag noch nicht da
und wir
irgendwo dazwischen

Zwischen Träumen und Erinnerung
zwischen Planung und Bilanz
zwischen Gestern und Heute
zwischen hier und jetzt
zwischen Sylvesterknallern und
Ewigkeitsruhe
wir
irgendwo dazwischen

Menschwerdungszeit

Entschleunigte Tage
Weihnachtsfest
vorbei
das Neue
noch nicht da
und wir
irgendwie
dazwischen

zwischen
Bilanzen und Träumen
zwischen
Planung und Erinnerung
zwischen
Andenken und angedacht
zwischen
nicht mehr hier und noch nicht da
zwischen
Feiertagen und neuem Jahr

Menschwerdungszeit

Entschleunigte Stunden
Nachtruhe
vorbei
der Tag
noch nicht da
und wir
irgendwie
dazwischen

zwischen
Anforderung und Träumen
zwischen
Planung und Resümee
zwischen
Andenken und angedacht
zwischen
schon sein und noch nicht da
zwischen
Finsternis und Morgengrauen

Menschwerdungszeit

Entschleunigte Zeit
Christgeburt
vorbei
Wiederkunft
noch nicht da
und wir
irgendwie
dazwischen

31 *Sylvesterparty*

Alle Jahre wieder
Sektlaune mit Geknall und Feuerwerk
auf ein Neues

Alle Jahre wieder
Wünsche für Erfolg und Gesundheit
Gutes beginnt

Alle Jahre wieder
Taumel Umarmung des Nachbarn
fast Brüderlichkeit

Alle Jahre wieder
als wüssten wir es nicht besser
als wäre es
vor dreihundertfünfundsechzig Tagen
nicht genauso gewesen

Alle Jahre wieder
vergessen
was hinter uns liegt
Vergangenheit
Terror und Krieg und Katastrophen
global wie privat
Schlussstrich

Alle Jahre wieder
Raketen und Sekt
Wünsche und Küsse
fürs neue Jahr

Alle Jahre wieder
warum
was lässt uns hoffen
dass sich irgendwas
ändert
die Lage die Welt oder wir
was lässt uns hoffen

Alle Jahre wieder
kurz nach dem Geburtstag dessen
der kam
der versprach
wieder zu kommen
der sagt
ich mache alles neu

Alle Jahre wieder
optimistische Erwartung
die Sinn bringt
dem Sekt
dem Feuerwerk
den Glückwünschen

Ein gesegnetes Neues Jahr

Auf ein Neues

Kaum ist Weihnachten vorüber
beginnt schon bald das neue Jahr
und trotz anderer Erfahrung
soll's besser sein als das was war
Drum begrüßen wir es hoffnungstrunken
mit Korkenknall und Lichterfunken
erwartungsvoll dass sich was tut
im nächsten Jahr wird alles gut

Zeitrechnung

Wir rechnen mit der Zeit
ganz Fortschrittliche
rechnen bereits in Sternzeit
der moderne Zeitgenosse
rechnet dem Zeitgeist angemessen
vor Beginn unserer Zeitrechnung
oder eben
nach Beginn unserer Zeitrechnung

Unsere Zeitrechnung
begann
mit dem angenommenem
Geburtsjahr
eines jüdischen Rabbi
im damalig römischen
Protektorat
namens Galiläa
Jener Rabbi
Jesus von Nazareth
auch Christus genannt
oder hebräisch Messias
gab unsere Zeitrechnung
den Namen
vor Christus
oder eben
nach Christus

Nun meint schon
erwähnter Zeitgeist
die Zeit nach Christus
sei Vergangenheit
also nicht mehr zeitgemäß

Selbst wer nicht in Sternzeiten rechnet
sollte damit rechnen
dass nach unserer Zeitrechnung
Christus sein wird
Vor Christus und nach Christus
Christus

Rechenfehler haben
in allen Zeitrechnungen
fatale Folgen

Damit sollten wir rechnen

3 Engel(un)wesen

Engel sind in diesen Zeiten
ungeheuer populär
Dass sie schützen und begleiten
wünscht der Mensch sich heute sehr
Käuflich kann man sie erwerben
das Geschäft es grünt und blüht
obwohl man jene Lichterwesen
eigentlich nur selten sieht

Mancher Mitmensch hört sie reden
fühlt sich innerlich geführt
hat kurz vor der Katastrophe
einen Flügelschlag gespürt
Ruft sie an vertrauensselig
lässt die Mächte willig ein
stellt sich nicht einmal die Frage
ob es auch die rechten sein

Sie sind schwer zu unterscheiden
das ist wirklich ein Problem
denn auch bei den engelhaften
ist nicht alles gut und schön

Champignon und Blätterknolle
sind bekanntlich ziemlich gleich
kann ein Laie leicht verwechseln
Der Genuss ist folgenreich

Denn der Wunsch in vielen Menschen
dass ein Engel um sie sei
der sie schützt und sie begleitet
ist nur aktuell nicht neu
Diesen Wunsch uns zu erfüllen
und nicht nur zur Weihnachtszeit
ist der Herr der Himmelsheere
jederzeit und gern bereit

Engel find man bei der Krippe
nicht im Esoterikmüll
weil ein echter Himmelsbote
nur auf Jesus weisen will
Suchen und in ihm zu finden
wie die Hirten selber sehn
das ist deine Weihnachtschance
lass sie nicht vorüber gehen

Wenn jenes Kind nicht wär

Gäb es wohl im Winter so ein Fest
in dunkler Jahreszeit?
Vermutlich ja denn zum Feiern sind
Menschen immer und gerne bereit
Und irgend einen Anlass zu finden
fällt ihnen auch gar nicht schwer
Doch wär das Ganze nicht leicht zu begründen
wenn jenes Kind nicht wär

Lichter würde es sicher immer geben
denn in langer Winternacht
hat man sich mit dem Entzünden von Feuer
von jeher gern Mut gemacht
Es wär wie das Pfeifen im finstren Wald
Das Grauen blieb um uns her
und irdisches Licht würde bald vergehn
wenn jenes Kind nicht wär

Auch Tannenbäume würden geschmückt
im Dezember mit Flitter und Tand
und Kinderaugen blickten entzückt
das Zeichen der Hoffnung wohl an
Das wär jedoch leider nur Illusion
ein geschlagener Baum lebt nicht mehr
keine Chance auf Leben nach dem Tod
Wenn jenes Kind nicht wär

Und reichlich Geschenke trüg man nach Haus
dass die Nachbarn es hoffentlich sehn
Man kann sich was leisten und gibt auch was aus
beneidet zu werden ist schön
In Wirklichkeit wird einem garnichts geschenkt
der Überfluss bleibt seltsam leer
Verzweifelt suchte das Leben nach Sinn
Wenn jenes Kind nicht wär

Bleibt alles beim Alten mit Tradition
wir feiern als kost' es das Leben
Und denkt auch kaum jemand an Gottes Sohn
das Fest wird es lange noch geben
Es bleibt wohl erhalten das Weihnachtsfest
mit Geschenken Kerzen und mehr
auf was sich getrost verzichten lässt
wenn jenes Kind nicht wär

Euphorie

ist das

Aufflammen

des Feuers

das dem Leben

Wärme gibt

 **6** *Bemerkungen der Weisen*

Wir haben den Stern gesehen
  keinen Stern aus ferner Galaxis
  nicht ein anderes Sonnensystem
  das wir kaum ahnen noch kennen
  nur als Pünktchen am Nachthimmel sehn
  Keinen Stern den Astronomen
  berechnet gemessen erfasst
  der mehr Fragen als Antworten aufwirft
  weil oft die Berechnung nicht passt

Wir haben den Stern gesehen
  keinen fehlbaren Schicksalsverkünder
  kein Sternbild mit Aszendent
  in dem vorgeblich der Astrologe
  Unglück Zukunft und Hoffnung erkennt
  Keiner hat das Unheil geweissagt
  das sich kürzlich ereignet hat
  dennoch haben die Horoskope
  viel Einfluss landauf und landab

Wir haben den Stern gesehen
  nicht den roten Verheißungsstern
  der Gerechtigkeit ewig verspricht
  verglüht schon nach knapp hundert Jahren
  denn die Menschen ändern sich nicht

Auch den Stern nicht auf westlichem Banner
Stern der Größe der Macht der Potenz
Stern des Reichtums auf Kosten der Armen
ohne Furcht drohender Konsequenz

Wir haben den Stern gesehen
der von Wissenschaftlern bezweifelt
von Hellsehern wegdiskutiert
von den Atheisten geleugnet
durch den Handel kommerzialisiert
Er verkündet das Kommen des Kindes
das Herr nicht nur Israels sei
den Religiösen zum Ärger
der Wissenschaft nur Narretei

Wir haben den Stern gesehen
Stern des Kinds in der Krippe
Stern der Liebe des Vaters zur Welt
Stern als Zeichen des Friedensfürsten
dessen Wort das Weltall erhält
Der einzige Stern von Bedeutung
für die Menschen in jeder Zeit
den Stern des gekreuzigten Jesus
ein Stern aus der Ewigkeit

Wir haben seinen Stern gesehn
und wir sind hier
um ihn anzubeten
in Zeit und Ewigkeit

Weitere Veröffentlichungen der Autorin:

... nicht um bunten Traum ...
Gedichte zum Weiterdenken
    ISBN 3-8311-4644-6

... dann leben sie noch heute
    Gedichte über Leute
    ISBN 3-8334-0151-6

Weitere Gedichte sind zu finden unter

http://dasjuengstegedicht.blogspot.com

Gedanken über Gott und die Welt

http://lebenistmehr.blogspot.com

Per E-mail ist Benedikta Buddeberg
zu erreichen unter

bubuddeberg@yahoo.de